LAS ROCAS

ROCAS METAMÓRFICAS

CHRIS OXLADE

Heinemann
LIBRARY

Chicago, Illinois

www.heinemannraintree.com
Visit our website to find out more information about Heinemann-Raintree books.

To order:
☎ Phone 888-454-2279
💻 Visit www.heinemannraintree.com to browse our catalog and order online.

Edited by Louise Galpine and Diyan Leake
Designed by Victoria Allen
Illustrated by KJA artists
Picture research by Hannah Taylor
Originated by Capstone Global Library Ltd
Printed and bound in China by CTPS
Translation into Spanish by DoubleOPublishing Services

15 14 13 12 11
10 9 8 7 6 5 4 3 2 1

Library of Congress Cataloging-in-Publication Data
Oxlade, Chris.
  [Metamorphic rocks. Spanish]
  Rocas metamórficas / Chris Oxlade.
      p. cm. -- (Las rocas)
  Includes bibliographical references and index.
  ISBN 978-1-4329-5652-3 (hardcover) -- ISBN 978-1-4329-5660-8 (pbk.)
  1. Metamorphic rocks--Juvenile literature. 2. Petrology--Juvenile literature. I. Title.
  QE475.A209518 2011
  552'.4--dc22
                    2011009782

Acknowledgments
The author and publisher are grateful to the following for permission to reproduce copyright material: Alamy Images pp. **4** (© Linda Reinink-Smith), **14** (© Lynne Evans), **16** (© Dennis Cox), **18** (© Antony Ratcliffe), **24** (© Toby Adamson); © Capstone Publishers p. **29** (Karon Dubke); Corbis pp. **12** (Visuals Unlimited), **19** (Lee Frost/Robert Harding World Imagery); GeoScience Features Picture Library p. **10** left and right (Prof. B Booth); reproduced with the permission of Natural Resources Canada 2010, courtesy of the Geological Survey of Canada p. **15**; Photolibrary pp. **17** (Rob Jung), **20** (Superstock), **21** (Jeffery Titcomb), **22** (Robert Harding/Roy Rainford), **23** (Joe Cornish), **26** (Britain on View/Steve Lewis); Science Photo Library pp. **5** (Gregory Dimijian), **9** (G. Brad Lewis), **11** (Dirk Wiersma).

Cover photograph of mountain peaks in the Mont Blanc range of the French Alps reproduced with permission of Photolibrary (Robert Harding Travel/Peter Richardson).

We would like to thank Dr. Stuart Robinson for his invaluable help in the preparation of this book.

Every effort has been made to contact copyright holders of any material reproduced in this book. Any omissions will be rectified in subsequent printings if notice is given to the publisher.

Disclaimer
All the Internet addresses (URLs) given in this book were valid at the time of going to press. However, due to the dynamic nature of the Internet, some addresses may have changed, or sites may have changed or ceased to exist since publication. While the author and publisher regret any inconvenience this may cause readers, no responsibility for any such changes can be accepted by either the author or the publisher.

CONTENIDO

Las profesiones y las rocas

Averigua sobre el trabajo vinculado con el estudio de las rocas.

Consejo de ciencias

Fíjate en nuestros interesantes consejos para saber más sobre las rocas.

¡Cálculos rocosos!

Descubre los números asombrosos del mundo de las rocas.

Biografía

Lee sobre la vida de las personas que han realizado descubrimientos importantes en el estudio de las rocas.

Algunas palabras aparecen en negrita, **como éstas**.
Puedes averiguar sus significados en el glosario de la página 30.

¿QUÉ SON LAS ROCAS METAMÓRFICAS?

En las profundidades de la Tierra, a muchas millas debajo de la superficie, la roca caliente **fundida** se abre paso hacia arriba, a través de las grietas que hay en la capa de roca sólida más próxima a la superficie. El calor de la roca fundida fluye dentro de la roca sólida y calienta esa roca hasta elevar su temperatura a cientos de grados, e incluso más de mil grados Fahrenheit. Por la acción del calor, se convierte en un nuevo tipo de roca, llamada roca metamórfica. La palabra *metamórfica* significa "que cambia de forma".

MINERALES Y CRISTALES

Todas las rocas, no solo la roca metamórfica, están formadas por materiales llamados **minerales**. Las rocas metamórficas están compuestas por una mezcla de diferentes minerales, pero existen otras rocas compuestas por un único mineral. Los minerales están compuestos por **átomos**, que están ordenados en hileras y columnas. Los materiales cuyos átomos están ordenados así se denominan **cristales**.

Este es un afloramiento de **gneis**, una roca metamórfica común, en la costa oeste de Suecia.

Esta es una muestra de un mineral llamado labradorita, que se encuentra en algunas rocas metamórficas. Viene en varios colores, no únicamente azul.

TRES TIPOS DE ROCA

La roca metamórfica es solo uno de los tipos de roca existentes. Los otros dos tipos son la **roca sedimentaria** y la **roca ígnea**. La roca sedimentaria se forma cuando diminutos pedacitos de roca, o los esqueletos y caparazones de los animales marinos, quedan sepultados bajo tierra y se comprimen. La roca ígnea se forma cuando la roca fundida se enfría y se solidifica.

EL CICLO DE LA ROCA

Siempre se forma roca metamórfica nueva y también se destruye constantemente. Esto es parte de un proceso llamado el **ciclo de la roca**. En este libro seguiremos el recorrido de la roca metamórfica a través del ciclo de la roca. Puedes ver un diagrama del ciclo de la roca en la página 8.

¿QUÉ HAY DENTRO DE LA TIERRA?

La Tierra es una bola enorme de roca. Si cavas un hoyo suficientemente profundo en cualquier lugar de la Tierra, en algún momento te encontrarás con roca sólida. Esta roca sólida es parte de la capa rocosa exterior que recubre la Tierra, llamada la **corteza**. Parte de esta roca es roca metamórfica. Muchas rocas metamórficas comienzan su recorrido dentro de la corteza.

¿CUÁL ES EL ESPESOR DE LA CORTEZA?

Debajo de los **continentes**, la corteza tiene entre 25 y 90 kilómetros (entre 15 y 56 millas) de espesor, pero debajo de los océanos tiene solamente entre 6 y 11 kilómetros (entre 4 y 7 millas) de espesor. La corteza se asienta sobre la roca muy caliente de abajo. Esta roca caliente forma una capa de 2,900 kilómetros (1,800 millas) de profundidad llamada **manto**.

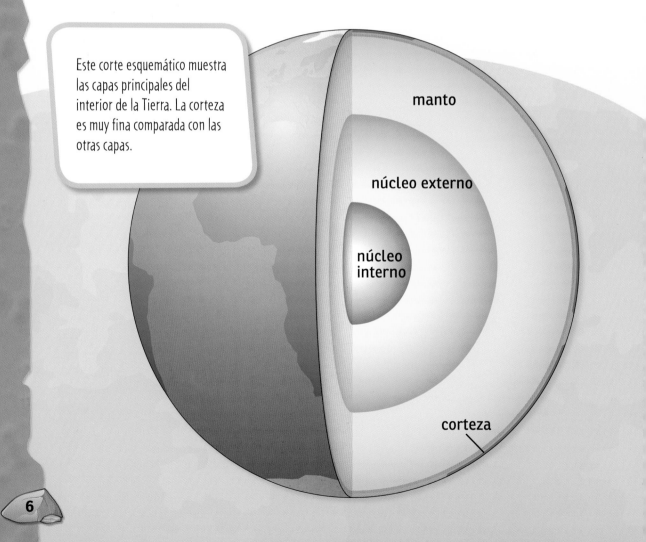

Este corte esquemático muestra las capas principales del interior de la Tierra. La corteza es muy fina comparada con las otras capas.

manto

núcleo externo

núcleo interno

corteza

LA CORTEZA FRAGMENTADA

La corteza de la Tierra está fragmentada en muchos pedazos enormes llamados **placas tectónicas**. Las placas se desplazan, pero a una velocidad de apenas unas pocas pulgadas por año. Los límites donde se unen las placas se denominan **bordes de las placas**. En algunos bordes, las placas se desplazan acercándose y ahí las rocas se destruyen y se transforman.

Aquí, dos placas tectónicas se acercan. Fuerzas inmensas trituran sus rocas. Las rocas metamórficas suelen formarse aquí.

¡Cálculos rocosos!

Muchas rocas metamórficas se producen debido al calor intenso de la corteza o del **magma**. En el fondo de la corteza, la temperatura de las rocas es de unos 900 °C (1,652 °F). El magma puede estar todavía más caliente y alcanzar los 1,300 °C (2,372 °F). El calor proviene del interior de la Tierra. La temperatura en el **núcleo** de la Tierra es de unos 5,500 °C (9,932 °F).

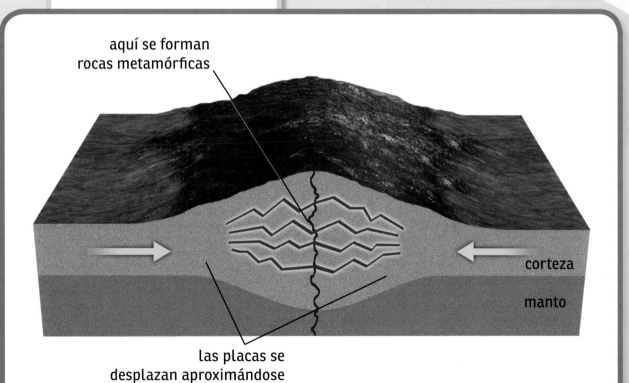

aquí se forman rocas metamórficas

corteza

manto

las placas se desplazan aproximándose

EL CICLO DE LA ROCA

Durante el **ciclo de la roca**, se forman constantemente rocas nuevas, incluidas las rocas metamórficas, y también se destruyen constantemente las rocas antiguas. La mayoría de las rocas metamórficas se forma a partir de **rocas sedimentarias** y **rocas ígneas**. Puedes averiguar cómo las rocas ígneas y sedimentarias se transforman en rocas metamórficas en la página 10.

La transformación que ocurre cuando una roca se convierte en una roca metamórfica se llama **metamorfismo**. La mayor parte de la roca metamórfica tarda miles o millones de años en formarse, pero puede demorar mil millones de años en desplazarse a través de la corteza antes de destruirse finalmente.

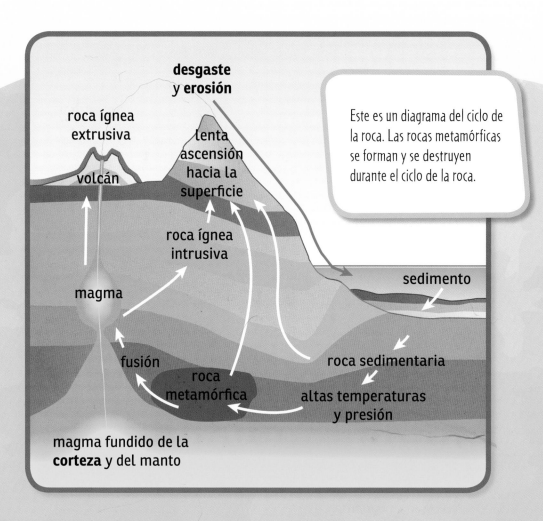

desgaste y erosión

roca ígnea extrusiva

lenta ascensión hacia la superficie

volcán

roca ígnea intrusiva

magma

fusión

roca metamórfica

magma fundido de la **corteza** y del manto

sedimento

roca sedimentaria

altas temperaturas y presión

Este es un diagrama del ciclo de la roca. Las rocas metamórficas se forman y se destruyen durante el ciclo de la roca.

VOLVER A CAMBIAR

En el ciclo de la roca, las rocas metamórficas y otras rocas también se **reciclan** y forman rocas nuevas, que pueden ser sedimentarias o ígneas. Algunas rocas sedimentarias, como la arenisca y la arcilla, están hechas de **partículas** (pedazos muy pequeños) de otras rocas que se unen. Algunas rocas ígneas se forman cuando otras rocas se funden y luego se vuelven a enfriar.

Biografía

Charles Lyell (1797–1875) fue un científico escocés que recorrió largas distancias para estudiar las formaciones rocosas de Europa, incluido el volcán del monte Etna, en Sicilia. Mediante sus observaciones, se dio cuenta de que la superficie terrestre se halla en permanente transformación. El científico llegó a la conclusión de que las montañas, los valles y otras características de la superficie terrestre se forman naturalmente en el transcurso de millones de años. En esa época, la mayoría de la gente pensaba que la Tierra tenía apenas unos miles de años de antigüedad.

Este es un río de lava del Kilauea, un volcán de una isla de Hawái. Algunos de los **minerales** de esta roca quizás provengan de roca metamórfica fundida.

¿CÓMO SE FORMAN LAS ROCAS METAMÓRFICAS?

El recorrido de las rocas metamórficas comienza junto con otros tipos de rocas. Pueden ser **rocas ígneas, rocas sedimentarias** o incluso otras rocas metamórficas. Las rocas se convierten en rocas metamórficas al calentarse o sufrir una **presión** intensa, o ambas cosas. Las rocas no se funden, pero sus **minerales** se destruyen y se forman **cristales** de minerales nuevos. No se agrega ni se quita nada a las rocas cuando cambian. Simplemente, las sustancias químicas que componen los minerales se reordenan y producen minerales nuevos.

La lutita (a la izquierda) es una roca sedimentaria. Bajo mucha presión y calor intenso, se puede convertir en gneis (a la derecha), una roca metamórfica.

¿DE DÓNDE PROVIENEN LAS ROCAS METAMÓRFICAS?

Entonces, ¿en qué lugar se dan las condiciones adecuadas para la formación de rocas metamórficas? La respuesta es en el lugar donde hay **magma** que proporcione calor o donde haya una gran presión en la **corteza**. El magma se produce en los **bordes destructivos** y la presión intensa se genera en la corteza en los **bordes de colisión**, así que estos son los lugares donde se forma la mayoría de las rocas metamórficas.

Consejo de ciencias

Durante la formación de las rocas metamórficas, los cristales de los minerales contenidos en la roca se transforman. En algunos tipos de roca puedes ver los cristales de los minerales. Míralos de cerca con una lupa. Puedes ver fácilmente los cristales de las rocas metamórficas llamadas **esquisto** y **gneis**. O puedes observar el **granito**, una roca ígnea común.

Esta fotografía muestra una franja de **cuarzo** moteado de color blanco, negro y azul, rodeado por pizarra.

11

ROCAS METAMÓRFICAS CREADAS POR EL CALOR

Algunas rocas metamórficas comienzan su recorrido cuando las rocas entran en contacto con el magma candente que hay en la corteza. Únicamente se transformarán aquellas rocas que estén suficientemente cerca del magma como para calentarse. Las rocas que se encuentran lejos del magma no se modificarán en absoluto. Este tipo de transformación se denomina **metamorfismo local** (también llamado metamorfismo de contacto).

El metamorfismo local ocurre siempre que el magma asciende a la corteza. El magma podría estar abriéndose paso hasta la superficie para formar un **volcán**, o ascendiendo hasta el interior de las rocas que están arriba para formar una enorme protuberancia de roca ígnea nueva. Esta protuberancia se llama una intrusión.

Cuando la lava candente como esta fluye sobre la roca existente, la roca puede sufrir modificaciones debido al calor intenso.

CÓMO EL CALOR CAMBIA LAS ROCAS

El magma es caliente, ¡sumamente caliente! Puede alcanzar una temperatura de 1,000 °C (1,832 °F) o más. El magma calentará cualquier roca sólida que toque. Las rocas que toca se cocinan y sus minerales cambian. Imagina que el magma fluye cerca de la argilita, que es una roca sedimentaria. Por efecto del calor, se forman minerales nuevos en la argilita y se crea una roca metamórfica con manchas oscuras llamada roca corneana.

Las profesiones y las rocas

Un **geólogo** es un científico que estudia cómo se forman las rocas, cómo se modifican y cómo conforman la Tierra. Algunos geólogos estudian geomorfología, que es el modo en que cambia el paisaje. Esto incluye el estudio de las rocas metamórficas, porque la edad y la ubicación de las rocas metamórficas son evidencias de lo que ocurrió con las rocas en el pasado.

El calor del magma candente que fluye a través de la roca sedimentaria la transforma en roca metamórfica.

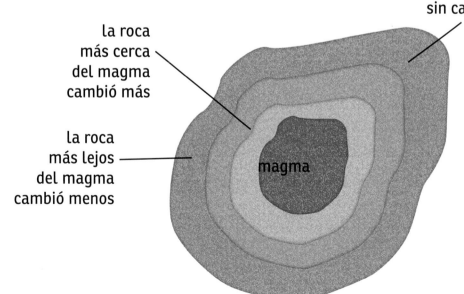

roca original sin cambios

la roca más cerca del magma cambió más

la roca más lejos del magma cambió menos

magma

ROCAS METAMÓRFICAS CREADAS POR LA PRESIÓN

Algunas rocas metamórficas comienzan su recorrido en las profundidades de la corteza, donde se forman debido a la enorme presión. Las transformaciones ocurren en un área muy extensa, quizás cientos o incluso miles de millas de ancho. Este tipo de **metamorfismo** se llama **metamorfismo regional**.

El metamorfismo regional ocurre cuando dos **placas tectónicas** se acercan. Una de las placas se hunde debajo de la otra y las rocas de esta placa quedan sometidas a una presión enorme mientras descienden hacia el **manto**. Algunas se convierten en rocas metamórficas. Otras se calientan tanto que se funden y crean grandes cantidades de magma que asciende a la corteza. Este magma calienta las rocas de la placa que está arriba, lo cual crea más rocas metamórficas.

Hay hermosos diseños en el gneis lewisiano de las Islas Occidentales de Escocia. Estas rocas se formaron por acción del metamorfismo regional.

LAS ROCAS METAMÓRFICAS Y LAS MONTAÑAS

Algunas de las cordilleras más grandes del mundo, como los Alpes o el Himalaya, se formaron cuando dos placas chocaron lentamente. En la corteza que se encuentra debajo de las montañas, la intensa presión formó rocas metamórficas. Debajo de las cordilleras suele haber enormes cantidades de rocas metamórficas.

¡Cálculos rocosos!

Todas las rocas más antiguas del mundo son rocas metamórficas. La roca más antigua que se conoce hasta ahora es un tipo de esquisto llamado roca verde, que se halla en el norte de Canadá, de 4.3 mil millones de años. La Tierra tiene 4.5 mil millones de años. En la página 25 podrás averiguar cómo los geólogos miden la edad de las rocas.

Este es un pedazo de la roca más antigua de la Tierra, hallada cerca del río Acasta, en Canadá.

¿QUÉ TIPOS DE ROCAS METAMÓRFICAS HAY?

Existen docenas de rocas metamórficas diferentes. La apariencia de una roca metamórfica depende de la roca original de la cual se formó y también del lugar en donde se formó. Por ejemplo, la lutita (una **roca sedimentaria**) puede convertirse en las rocas metamórficas pizarra, **esquisto** o **gneis**.

Las siguientes rocas son algunos ejemplos de rocas metamórficas:

La *pizarra* es una roca oscura de **grano** fino que se forma cuando el esquisto está bajo mucha presión. Se parte fácilmente en láminas finas.

Los *esquistos* son rocas metamórficas de grano mediano que se forman a partir de la lutita o de la argilita. Existen muchos tipos de esquistos de colores diferentes.

El *gneis* se forma a temperaturas y presiones muy altas a partir de diferentes rocas **ígneas** y sedimentarias. Tiene grano grueso y franjas de **minerales** que suelen estar dobladas y plegadas.

El *mármol* se forma cuando la **piedra caliza** se calienta a temperaturas muy altas (ver la página 20).

La *cuarcita* se forma cuando la arenisca se calienta. En su mayor parte está compuesta por el mineral *cuarzo*.

Esta formación metamórfica de esquisto de mica se encuentra en el desierto del Namib, en África.

Identificar las rocas metamórficas

Las rocas metamórficas suelen ser muy duras, de apariencia opaca y bastante ásperas al tacto. Una roca con franjas de color probablemente sea gneis. Las rocas con **cristales** grandes en un fondo de grano fino probablemente también sean metamórficas. Puedes usar esta tabla como ayuda para identificar las rocas metamórficas.

Roca	Color	Foliado*	Tamaño del grano
pizarra	gris oscuro	sí	fino
esquisto	mezcla	no	mediano
gneis	rosado/gris	sí	grueso
mármol	claro	no	grueso
cuarcita	claro	no	grueso

* *Foliado* significa que una roca tiene franjas de minerales.

Esto es cuarcita, una roca metamórfica que se forma cuando la arenisca se transforma por acción del calor y la presión. Este ejemplo se encuentra en Kimberley, Australia.

¿CÓMO USAMOS LAS ROCAS METAMÓRFICAS?

Las rocas metamórficas no se encuentran comúnmente sobre la superficie terrestre. La mayor parte de las rocas que usamos como materiales son rocas **sedimentarias** e **ígneas**, que son más fáciles de hallar. Sin embargo, cuando se encuentran rocas metamórficas, las usamos para la construcción y otras tareas.

El **esquisto** y el **gneis** son rocas duras muy buenas para la construcción. También se trituran para hacer la grava que se emplea en la fabricación del concreto y en la pavimentación. Algunos esquistos y gneises tienen **cristales** y diseños atractivos y suelen usarse para construcciones decorativas y ornamentación.

La pizarra tiene algunas propiedades muy útiles. Se puede partir fácilmente en láminas delgadas y es casi completamente impermeable. Esto hace que sea un material muy popular para la construcción de techos y baldosas. Los monumentos y las placas con inscripciones también se fabrican con pizarra porque es un material fácil de grabar.

Estas viviendas tradicionales de Nepal tienen techos de pizarra, una roca metamórfica, partida en láminas finas.

LAS ROCAS METAMÓRFICAS EN EL PASADO

Las rocas fueron uno de los primeros materiales usados por los seres humanos. No sabemos cuándo las personas usaron rocas metamórficas por primera vez, pero podría ser hace cientos de miles de años, posiblemente para hacer herramientas simples o para construir refugios.

Estas piedras erguidas se erigieron hace miles de años en Callanish, en la isla escocesa de Lewis. Están hechas de gneis lewisiano.

Las profesiones y las rocas

Un escultor es un artesano que le da forma a los materiales para hacer estatuas y otras esculturas. El escultor usa herramientas, como el cincel, para labrar la roca. Los escultores suelen trabajar con la roca porque durará mucho tiempo. Los esquistos, los gneises, las pizarras y los **mármoles** se usan para hacer esculturas.

EL MARAVILLOSO MÁRMOL

El mármol es una roca metamórfica que se forma cuando la **piedra caliza** se transforma por acción de las altas temperaturas. Está compuesto principalmente por un **mineral** denominado **calcita** (llamado también carbonato de calcio). El mármol puro es mayormente blanco, pero el mármol con frecuencia contiene otros minerales que crean colores, como negro, rojo y verde, y hermosos diseños.

El mármol es bastante fácil de cortar y pulir para darle un acabado brillante. Por esta razón, el mármol se usa en la decoración de edificios. Se lo puede hallar en la fachada de los edificios y recubriendo paredes y pisos. El mármol también se emplea para fabricar adornos y esculturas. Hay otras rocas decorativas que se parecen al mármol y a veces se las llama así, pero en realidad no son rocas metamórficas.

Esta muestra de mármol gris de los Balcanes presenta un hermoso diseño en gris y rosado. Las líneas blancas se llaman vetas.

La calcita que se transforma en mármol es una materia prima muy importante en la industria. Se emplea en la fabricación de diversos artículos, desde papel hasta pasta de dientes. La cal, un material que se usa para fabricar cemento, se produce al calentar la calcita.

Las profesiones y las rocas

Hay mármol en todo el mundo, y en diferentes regiones se encuentran mármoles de diferentes colores y diseños. El mármol más famoso proviene de los alrededores de la ciudad de Carrara, en Italia. Los constructores y escultores han utilizado el mármol blanco y gris de Carrara durante cientos de años.

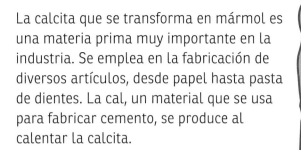

La famosa estatua del héroe bíblico David, del artista italiano Miguel Ángel, está tallada en mármol de Carrara.

¿DURAN PARA SIEMPRE LAS ROCAS METAMÓRFICAS?

¿Cuánto tiempo duran las rocas metamórficas antes de terminar su recorrido? Normalmente, ¡muchísimo tiempo! Una roca metamórfica como el **gneis**, que se forma a muchas millas bajo la **corteza** terrestre, durará muchos millones de años. Algunas rocas metamórficas tienen miles de millones de años de antigüedad. Pero las rocas metamórficas no duran para siempre. Con el tiempo, su recorrido termina.

LA DESTRUCCIÓN EN LA SUPERFICIE TERRESTRE

A veces, las rocas metamórficas formadas en la profundidad de la corteza terminan emergiendo a la superficie terrestre. Después, las rocas se desintegran por los procesos llamados **desgaste** y **erosión**.

Los picos irregulares de la cordillera de Mont Blanc, en los Alpes franceses, muestran cómo el hielo fractura la roca sólida.

El desgaste es el modo en que las rocas se desintegran por la acción de los factores climáticos. Por ejemplo, en lugares muy fríos, el agua se congela dentro de las grietas y contribuye a quebrarlas. El agua que fluye, el viento y la gravedad arrastran los fragmentos de roca.

El agua que fluye y los glaciares (enormes masas de hielo que se deslizan por los valles) también fracturan las rocas sobre las que pasan. Pero las rocas metamórficas son duras y se desgastan muy lentamente.

Consejo de ciencias

Si vas de excursión a la costa, a las colinas o las montañas, puedes ver cómo se han desgastado las rocas. En las zonas costeras, observa cómo las olas han cambiado los acantilados: verás rocas fragmentadas alrededor de su base. Cerca de colinas y montañas, busca rocas sueltas o rotas y mira cómo los pedazos de roca son arrastrados colina abajo por los arroyos.

El movimiento regular de las olas del océano erosiona la base de los acantilados costeros.

23

LA DESTRUCCIÓN SUBTERRÁNEA

Las rocas metamórficas se destruyen donde dos **placas tectónicas** se acercan una a la otra. Si una parte de la placa se hunde en la corteza o queda bajo presión, las rocas metamórficas que están en el interior de la placa se calientan y se funden. La roca **fundida (magma)** puede ascender hacia la corteza terrestre, enfriarse y así formar **rocas ígneas** nuevas.

No solo las rocas ígneas y **sedimentarias** se transforman en rocas metamórficas. Las mismas rocas metamórficas se pueden transformar en otras rocas metamórficas. Por ejemplo, una roca como el **esquisto**, que se forma por **metamorfismo regional**, puede transformarse en una nueva forma de roca debido al **metamorfismo local**.

En un futuro distante, este gneis de Escocia podría transformarse en otro tipo de roca metamórfica.

MEDIR LA EDAD DE LAS ROCAS

Con frecuencia, los **geólogos** necesitan averiguar la edad de las rocas. Por ejemplo, la edad de un pedazo de esquisto podría indicarles cuándo se formó una antigua cordillera. El método principal para datar las rocas metamórficas se denomina datación radiométrica. Este método se basa en el hecho de que, con el paso del tiempo, algunos tipos de **átomos** se convierten en otros tipos de átomos (un proceso llamado desintegración radiactiva). Para calcular la edad, se mide la cantidad de varios tipos de átomos que contiene una muestra.

LÍNEA CRONOLÓGICA GEOLÓGICA

La edad de las rocas metamórficas se mide en millones de años. La edad también está dada por el nombre del período de tiempo en el que se formó. Por ejemplo, una roca devónica se formó entre 359 y 416 millones de años atrás.

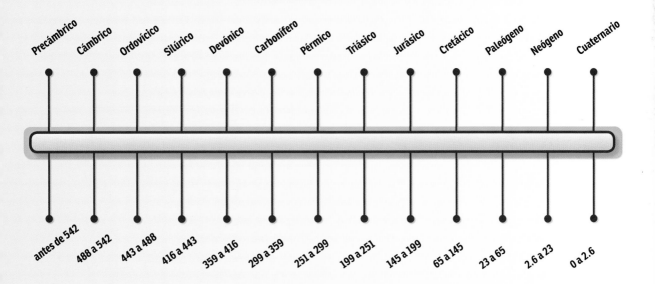

Período

| Precámbrico | Cámbrico | Ordovícico | Silúrico | Devónico | Carbonífero | Pérmico | Triásico | Jurásico | Cretácico | Paleógeno | Neógeno | Cuaternario |
| antes de 542 | 488 a 542 | 443 a 488 | 416 a 443 | 359 a 416 | 299 a 359 | 251 a 299 | 199 a 251 | 145 a 199 | 65 a 145 | 23 a 65 | 2.6 a 23 | 0 a 2.6 |

Fechas (millones de años atrás)

¿ESTAMOS DAÑANDO LAS ROCAS METAMÓRFICAS?

Las rocas metamórficas, como el **mármol** y la pizarra, son un recurso importante para nosotros. Sin embargo, las destruimos cuando las sacamos del suelo. Las rocas se extraen de las **canteras**. Se necesita mucha energía para excavar y transportar las rocas, y extraerlas genera ruido y contaminación. La apertura de canteras destruye los **hábitats** de la vida silvestre, aunque las canteras en desuso e inundadas suelen convertirse en excelentes hábitats para las aves.

En la corteza, las rocas se destruyen y se **reciclan** en el **ciclo de la roca** a escala masiva, a muchas millas de profundidad. La actividad de las canteras en la superficie tiene una influencia mínima en el ciclo de la roca. Sin embargo, debemos tratar de no dañar las rocas naturales, pues son parte de nuestro medio ambiente.

Esta cantera en desuso, ubicada en Gales, se ha convertido en un hábitat de río para la vida silvestre.

FIN DEL RECORRIDO

Nuestro recorrido con la roca metamórfica ha llegado a su fin. El recorrido comenzó en el interior de la corteza terrestre, donde las rocas se transformaron en rocas metamórficas por acción del calor extremo y la inmensa presión. El calor provino de la roca **fundida** que se desplaza hacia la corteza y la presión provino del choque de las **placas tectónicas**.

Durante el ciclo de la roca, se forman constantemente nuevas rocas metamórficas, y las rocas metamórficas antiguas se destruyen todo el tiempo. El ciclo de la roca ocurre desde que se formó la Tierra, hace 4.5 mil millones de años, y continuará durante los próximos miles de millones de años.

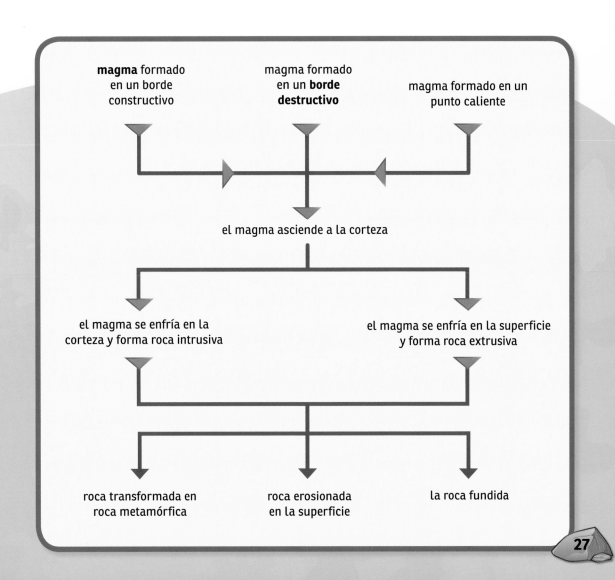

¡HAZ ROCAS DE ARCILLA Y CHOCOLATE!

A continuación te proponemos un experimento sencillo que te ayudará a comprender el recorrido de las rocas metamórficas que hemos seguido a lo largo de este libro. Antes de intentar llevar a cabo el experimento, lee las instrucciones, prepara los materiales que necesitarás y el área donde trabajarás.

Pide a un adulto que te ayude con este experimento.

MATERIALES:

- arcilla
- chocolate
- papel de aluminio
- un libro pesado
- un plato
- un cuchillo
- un horno microondas

PROCEDIMIENTO:

1 Parte el chocolate en pedacitos de menos de 1 centímetro (media pulgada) de ancho.

2 Toma un pedazo de arcilla de unos 6 a 7 centímetros (2 a 3 pulgadas) de ancho. Coloca los pedacitos de chocolate dentro de la arcilla y forma una bola.

3 Coloca la bola sobre el plato y métela en el microondas. Caliéntalo a baja potencia durante aproximadamente dos minutos.

4 Coloca un trozo de papel de aluminio sobre la bola y coloca un libro pesado sobre el aluminio. Espera unos minutos.

5 Con mucho cuidado, corta la bola aplastada por la mitad, pues es probable que aún esté caliente.

¿Qué ves dentro de la bola? ¿Se formaron capas? El calor y la presión que aplicaste cambió la estructura de la mezcla de arcilla y chocolate, así como el calor y la presión transforman las **rocas sedimentarias** y las **rocas ígneas** en rocas metamórficas.

GLOSARIO

átomo la partícula más pequeña de materia química que existe

borde de colisión límite donde dos placas tectónicas se juntan y generan una presión inmensa

borde de la placa lugar donde una placa tectónica se junta con otra placa

borde destructivo límite entre dos placas tectónicas donde se destruyen las rocas de las placas

calcita tipo de mineral que se encuentra en la roca de piedra caliza

cantera sitio de donde se extraen grandes cantidades de roca de la tierra

ciclo de la roca formación, destrucción y reciclaje constantes de las rocas en la corteza terrestre

continente una de las grandes masas de tierra del planeta, como Europa, África o Asia

corteza capa rocosa de la superficie terrestre

cristal forma que desarrolla un mineral como resultado de un orden preciso en las hileras y columnas de átomos

cuarzo mineral duro que suele hallarse en forma de cristales

desgaste fragmentación de las rocas debido a los factores climáticos, como las temperaturas extremas

erosion desgaste de las rocas producido por el agua que fluye, el viento y los glaciares

esquisto roca metamórfica común de grano mediano

fundido derretido

geólogo científico que estudia las rocas y el suelo que forman la Tierra

gneis roca metamórfica común de grano grueso

granito roca ígnea intrusiva común

grano patrón de las partículas de una roca (las partículas pueden ser cristales o pequeños pedacitos de roca)

hábitat lugar donde vive una planta o un animal

magma roca fundida debajo de la corteza terrestre

manto capa muy profunda de roca ardiente debajo de la corteza terrestre

mármol roca metamórfica formada de la roca sedimentaria piedra caliza

metamorfismo cambio que ocurre cuando la roca se convierte en roca metamórfica

metamorfismo local formación de roca metamórfica en un área pequeña (hasta unas pocas millas de ancho), normalmente por el contacto con el magma caliente

metamorfismo regional formación de roca metamórfica en un área extensa (tal vez cientos o incluso miles de millas de ancho), normalmente por acción de la presión en la corteza

mineral sustancia que está presente de forma natural en la Tierra, como el oro y la sal

núcleo parte central de la Tierra

partícula pedazo pequeño de material

piedra caliza roca común sedimentaria compuesta por el mineral calcita, que puede provenir de caparazones y esqueletos de animales marinos

placa tectónica una de las piezas gigantes en las que está fragmentada la corteza de la Tierra

presión fuerza o peso que aprieta o comprime una cosa

reciclar proceso de convertir una cosa en algo nuevo

roca ígnea roca formada cuando el magma (roca fundida) se enfría y se solidifica

roca sedimentaria roca que se forma cuando los pedazos diminutos de roca o de esqueletos o caparazones de animales marinos quedan enterrados bajo tierra y se comprimen

volcán apertura en la superficie terrestre a través de la cual se escapa magma desde las profundidades

APRENDE MÁS

LECTURA ADICIONAL

Faulkner, Rebecca. *Metamorphic Rock* (Geology Rocks!). Chicago: Raintree, 2008.

National Geographic. *Rocas y minerales* (Los exploradores de National Geographic). *Miami*: Santillana USA Publishing Company, 2006.

Pellant, Chris. *Rocas y fósiles.* Madrid: Edelvives, 2006.

SITIOS WEB

Mira animaciones de cómo se forman las rocas en este sitio web del Instituto Franklin:
www.fi.edu/fellows/fellow1/oct98/create

Halla mucha información sobre las rocas y los minerales, así como enlaces a otros sitios web interesantes, en este sitio:
www.rocksforkids.com

LUGARES PARA VISITAR

American Museum of Natural History
Central Park West en 79th Street
New York, New York, 10024-5192
Tel: (212) 769-5100
www.amnh.org
Visita una colección grande y fascinante de rocas, minerales y fósiles.

The Field Museum
1400 S. Lake Shore Drive
Chicago, Illinois 60605-2496
Tel: (312) 922-9410
www.fieldmuseum.org
Mira las exposiciones fascinantes de rocas, minerales y fósiles de todo el mundo.

ÍNDICE